LA CIENCIA NOS HABLA DE...

El Mar

Hagamos un viaje submarino

¿Como te imaginas el fondo del mar? ¿Como una llanura
inmensa llena de algas o como un valle cubierto de arena,
como el desierto? Si hacemos un viaje por debajo de la

superficie
de mares y océanos,
podrás ver un paisaje
fantástico con montañas,
valles y unas fosas tan profundas
que, dentro de ellas, podríamos poner
la montaña más alta del mundo ¡y aún
nos sobraría espacio! En algunos sitios verías
muchas plantas y animales, mientras que
en otros no encontrarías ni un pez... ¡incluso
podrías descubrir el tesoro de un barco pirata!

Un mar muy inquieto

El mar no puede estarse quieto... no deja de moverse. Seguro que habrás visto las olas, chocando contra las rocas y llenándolo todo de espuma. En el mar hay ríos gigantescos que viajan lentamente por todo el océano en diferentes direcciones: ríos de agua caliente junto a ríos de agua fría... ¡que no se mezclan! Al mar también le gusta subirse por las

playas: ¿has visto como sube el agua del mar y lo inunda todo? Cuando la playa está inundada significa que hay marea alta y, cuando está seca, hay marea baja. Las criaturas que viven en estas playas tienen que saber respirar ¡dentro y fuera del agua!

Un buen mirador: los acantilados

Los acantilados son lugares fantásticos para contemplar el mar. Son tan altos que, si el agua está limpia, puedes llegar a observar cómo nadan los peces bajo la superficie. Y si tienes suerte, quizás descubrirás cómo pescan los pájaros: se lanzan de cabeza y vuelven a salir con un pez en el pico. Como sus plumas bien cuidadas actúan como un impermeable, ¡no se mojan lo más mínimo! Los pájaros marinos aprovechan cualquier grieta de la roca para hacer su nido. Hay tantos que parece increíble que no se equivoquen. Pero ellos siempre saben cuál es el suyo y cuáles son sus pollitos: los reconocen entre centenares.

Los icebergs

En el norte y en el sur de nuestro planeta hace tanto frío que en la superficie del mar se forma una capa muy gruesa de hielo. Debajo, los peces pueden vivir sin problemas... ¡si están acostumbrados al agua fría! A veces, algunos trozos de hielo se desprenden de los ríos de hielo que llamamos glaciares y se van de viaje como si fuesen barcos arrastrados por corrientes invisibles. Algunos de estos icebergs son más grandes que una ciudad entera. En los mares puedes ver pájaros, peces y otros animales marinos, como las orcas, que viajan en familias, de modo que los mayores enseñan a las crías cómo cazar peces y focas... ¡si no deciden salirse del agua!

Los enanos del mar

Si vives cerca del mar, verás que es muy variable. Hay días en que está tranquilo, como una balsa, mientras que otros se mueve de un lado para otro con furia. Da un poco de miedo, ¿verdad? El color también varía mucho según el tiempo que hace y el lugar del mundo donde te encuentres. ¿De qué colores se pone? Azul, gris, casi negro, verde... A veces el color depende de animales y algas diminutos, algunos de ellos ¡más pequeños que la punta de un alfiler! Todos juntos forman una especie de nube que flota en el agua del mar. Estas nubes se denominan *plancton* y es lo que comen muchos peces. Tienen formas muy curiosas.

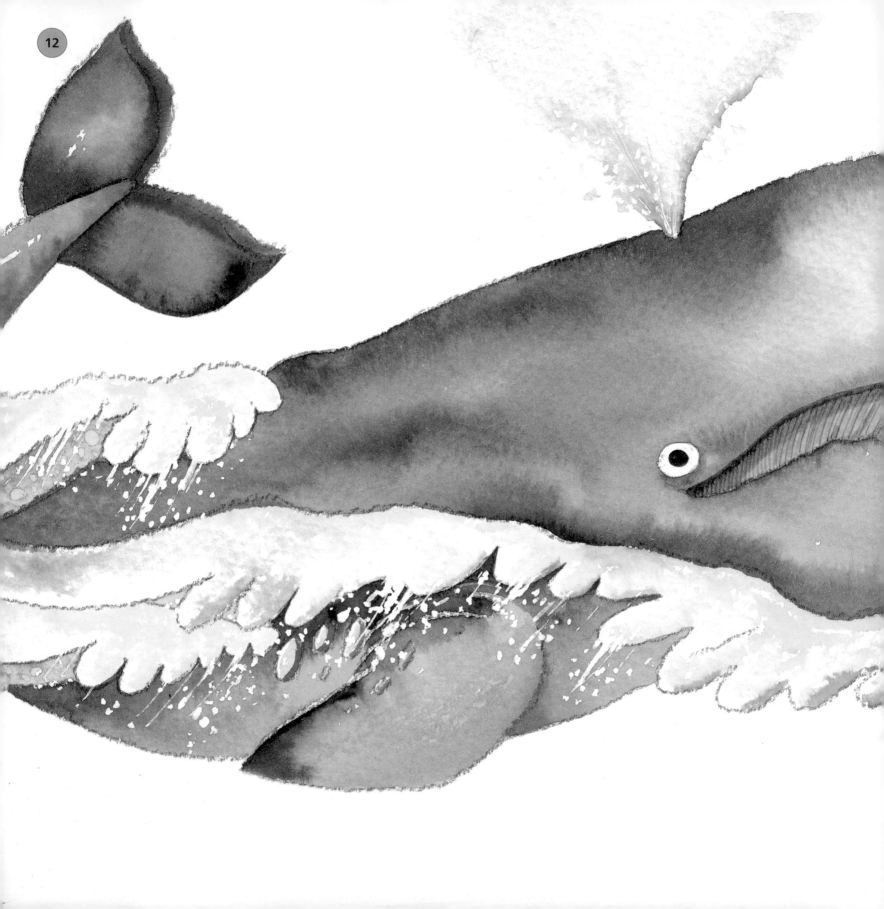

Unos viajeros gigantes

¿Te gustaría acariciar un gigante marino? Si estuvieras cerca de una ballena más grande que un autobús, oirías su canto bajo el agua. Las ballenas cantan para decirse cosas entre ellas; aunque estén muy lejos unas de otras, ¡suenan muy bien! A pesar de ser tan grandes, se alimentan de peces pequeños y, sobre todo, de una gamba del tamaño de tu dedo que se llama *krill* y vive en el plancton, formando inmensas nubes rosadas. Por eso las auténticas ballenas no tienen dientes, puesto que para tragarse el krill no les hacen falta. En lugar de dientes tienen la boca llena de unos pelos muy especiales, llamados barbas, donde se queda enganchado el krill. Es como un colador gigante.

Los volcanes submarinos

Los volcanes son sitios por donde sale lava, que es como roca desecha. La lava procede de dentro de la Tierra y está tan caliente que quema todo lo que toca, incluso debajo del agua. Cuando se enfría, se convierte en una roca normal y corriente, donde pueden crecer algas como éstas. Mira cuántas hay. Parece que todas sean iguales, pero si te fijas bien, verás que hay muchas diferencias entre ellas. ¿Qué te parece si las diferenciamos por el color? Todas las algas que encuentres a partir de ahora las puedes clasificar en algas verdes, algas marrones y algas rojas. Es una buena forma de empezar a conocerlas.

El mar de los Sargazos

La mayoría de algas viven arraigadas en el fondo del mar, pero no todas. Algunas, como los sargazos, pueden vivir flotando libremente en el mar. ¿Ves las vesículas que tienen?

Son flotadores que les ayudan a desplazarse por las corrientes marinas. Estas "islas verdes" flotantes son un refugio en medio del mar desértico. Para las anguilas son el sitio perfecto para poner los huevos. Les gusta tanto este lugar que llegan a él desde ríos de tierras muy lejanas, sin que les importen las largas distancias. Las crías se quedan un tiempo viviendo entre estas algas hasta que les entran unas ganas locas de visitar los ríos de donde vinieron sus padres.

El mundo del coral

¿Has visto cuántos colores y formas? Los corales parecen rocas porque son duros como una piedra, algas porque tienen ramas y colores relucientes, pero no son ni una cosa ni la otra. Todas estas formas caprichosas están hechas por unos pequeños animales con aspecto de planta. Aquí puedes encontrar muchos otros animales, cada uno con una forma de vida muy curiosa: una gambita que limpia la piel de una peligrosísima morena, un pez que vive dentro de una anémona sin que le haga daño el veneno de los tentáculos, una esponja como las que utilizas en la bañera.

Tesoros en la arena

Las tortugas marinas se pasan la vida viajando de un lado a
otro por los océanos cálidos hasta que, después de unos años,
deciden volver a la playa donde nacieron para criar.

Cuando anochece, salen del mar para poner los huevos en un agujero en la arena. Al cabo de unos días, nacen un montón de tortuguillas, con muchas ganas de llegar al mar para empezar a viajar. Aunque sean recién nacidas ya se espabilan solas. Las semillas de algunas plantas, como los cocos, también pueden recorrer largas distancias. Van flotando hasta que llegan a una playa. Del coco saldrá... ¡una palmera cocotera!

Prados bajo el agua

Hay muchas maneras de camuflarse y, en medio de una pradera, nada mejor que parecerse a una hierba o un alga. Muchos animales intentan pasar desapercibidos para que nadie los vea y llegan a adoptar formas tan complicadas como el dragón de mar, o tan sencillas como el pez tubo. Hay muchas maneras de esconderse. Algunas medusas, por ejemplo, son casi transparentes. Con su cuerpo en forma de saco, del que cuelgan largos tentáculos venenosos, pasan desapercibidas hasta que ya es demasiado tarde. Cuando el pez se da cuenta, los tentáculos de la medusa ya lo han pillado.

¿Qué hay en el fondo del abismo?

En algunos sitios el fondo del mar es tan profundo que no llega apenas luz, el agua está muy fría y apenas hay alimento. Aún así, algunos animales necesitan estos rincones para vivir; desde arañas de mar hasta peces de aspecto monstruoso. Si subieran hacia aguas más iluminadas, ¡morirían inmediatamente! Muchos de estos peces tienen unas manchas muy especiales que desprenden luz. Pero el rey de los abismos es el calamar gigante, que puede llegar a ser más largo que nueve niños como tú. El cachalote es como una ballena, pero con dientes, y baja hasta aquí a pescarlo.

Peces y compañía

Las orcas, los cachalotes, los delfines, las ballenas, las focas... todos estos animales viven en el mar, pero no son peces. Son mamíferos como nosotros. Esto quiere decir que sus crías necesitan la leche de la madre para crecer. Durante un tiempo los pequeños están junto a la madre, que les da de mamar y los protege hasta que se hacen mayores. Bajo el agua deben aguantar la respiración como tú, aunque aguantan mucho más tiempo sin aire. Los peces, en cambio, son muy diferentes: ellos ponen huevos, las hembras no tienen leche y las crías se espabilan solas desde el momento en que nacen. Si nos fijamos sólo en la forma, los delfines parecen peces, ¿verdad?

Los grandes cazadores

¿Te dan miedo los tiburones? No es extraño, porque entre ellos están los mejores cazadores del mar. Para los tiburones, la dentadura es tan importante que tienen dos hileras de dientes, una delante de la otra. Si se les cae un diente, enseguida les sale uno de recambio: ¡así pueden continuar cazando! Existen muchos tamaños y formas de tiburones, todos con la piel áspera como una lima. Los más grandes, los tiburones ballena, no tienen dientes y comen plancton. Y allí donde veas un tiburón, es muy fácil que encuentres una rémora, un pez que tiene una ventosa en la cabeza para engancharse a los tiburones y viajar sin tener que nadar. A cambio del viaje, ¡limpia la piel del tiburón!

Otros mundos por descubrir

Si miraras las profundidades del océano, verías que hay grandes
extensiones en las que no crece nada. Son grandes desiertos
marinos sin algas, ni peces, ni nada de nada. Y si volaras por
encima de los mares, podrías ver barcos de pesca, petroleros,
barcos de científicos o alguna ballena que sale a coger aire.
De noche, en todas las costas verías las luces de los faros,
que indican dónde están los puertos o rocas sumergidas que
podrían hacer naufragar a los barcos. De noche, de día,
haciendo submarinismo o cogiendo conchas en la arena,
descubrir el mar es siempre una gran aventura.

Curiosidades

BALLENA CON JOROBA

Nuestros parientes marinos

Respira hondo. ¿Notas cómo se levanta tu pecho? Es porque tienes pulmones que se hinchan cada vez que coges aire y se deshinchan cuando lo echas fuera.

Los delfines y las ballenas también tienen pulmones. Y también nos parecemos en otra cosa: de pequeños tomábamos leche de nuestra madre, como los elefantes, los caballos, los canguros... A todos los animales que maman como nosotros se nos denomina *mamíferos*. De modo que los delfines y las ballenas, aunque tienen forma de pez y nadan como ellos, no son peces: ¡son mamíferos como tú y como yo! Aquí tienes algunas especies de ballenas.

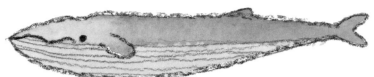

BALLENA AZUL

BALLENA GRIS

BALLENA ATLÁNTICA

Sal

Si coges agua de mar y la dejas al sol en un frasco, verás que cuando el agua se evapora, el fondo del frasco queda lleno de pequeños cristales de sal: es igual que la que utilizas para la comida. Muchos pueblos se dedican a producir, pero en mayor cantidad. Llenan pequeñas balsas con agua de mar y se esperan a que el sol las seque.

Tentáculos

¿Te has fijado en los "brazos" de los pulpos o de los calamares? Son largos y con ventosas que les sirven para sujetarse a las rocas o para cazar. Los del calamar gigante son tan fuertes que pueden dejar marcas en la piel del cachalote. Las medusas o las anémonas también tienen tentáculos, aunque son muy diferentes. Los tentáculos de las medusas tienen escondidas en su interior unas púas muy pequeñas, que sólo salen cuando atrapan algo. Estas púas, cuando salen, inyectan veneno: el pez muere o queda medio aturdido y, entonces, ya se lo puede comer. Las anémonas hacen lo mismo, pero no pueden nadar: esperan a que llegue algún despistado. El veneno que poseen la mayoría de ellas es tan suave que a nosotros apenas nos causa daño. Pero en algunos mares de lugares cálidos del mundo existen medusas que tienen un veneno tan fuerte que puede hacer daño, incluso a una persona. ¡Por suerte hay muy pocas!

Servicio de limpieza

Existen unos animalillos muy pequeños que molestan muchísimo: se enganchan en la piel de los peces, debajo de su aleta, por todas partes, y les producen picores bastante incómodos. Aunque la mayoría de ellos no hacen mucho daño, los peces están más a gusto sin ellos. Por eso todos los peces grandes agradecen mucho tener un servicio de limpieza: peces y gambitas que se dedican a sacar todos estos animalillos. Algunos incluso viajan siempre con su pez limpiador, como los tiburones con sus rémoras, las morenas con la gamba, o la anémona con el pez payaso. Aunque se trate de animales muy peligrosos, ¡nunca causan daño a su animal de limpieza! A cambio, el limpiador tiene comida, casa... ¡y un amigo que lo defiende!

¿Cómo se llaman?

ALCATRAZ

ALGA PARDA

ALGA ROJA

ALGA VERDE

ANÉMONA

ANGUILA

ARENQUE

CABALLITO DE MAR

CORAL

CORMORÁN

DRAGÓN

FRAILECILLO COMÚN

GAVIOTA

BELLOTAS DE MAR

LAPAS

MEDUSA

PEZ PAYASO

MORENA

SARDINA

PEZ AGUJA

RÉMORA

MORSA

TIBURÓN BLANCO

LA CIENCIA NOS HABLA DE...

El Mar

Autora:
Núria Roca

Ilustraciones:
Rosa M. Curto

Diseño y maquetación:
Gemser Publications, S.L.

© Gemser Publications, S.L. 2002
El Castell, 38
08329 Teià (Barcelona, España)
www.mercedesros.com
e-mail: info@mercedesros.com

© de esta edición: edebé 2005
Paseo de San Juan Bosco, 62
08017 Barcelona
www.edebe.com

Primera edición en este formato,
octubre 2005

ISBN 84-236-7757-5

Printed in China